DYFAIS FFION

Mae'r llyfr hwn yn eiddo i:

Dyfais Ffion
Cyhoeddwyd yn 2023 gan Graffeg Cyf.

Graffeg Cyf., 15 Neptune Court, Vanguard Way, Caerdydd, CF24 5PJ. Cymru, DU. Ffôn: +44(0)1554 824000 www.graffeg.com.

Mae Julia Hubery drwy hyn yn cael ei chydnabod fel awdur y gwaith hwn, yn unol ag adran 77 o Ddeddf Hawlfreintiau, Dyluniadau a Phatentau 1988.

Mae cofnod catalog CIP ar gyfer y llyfr hwn ar gael o'r Llyfrgell Brydeinig.

Mae'r cyhoeddwr yn cydnabod cefnogaeth ariannol Cyngor Llyfrau Cymru. www.gwales.com

Adnoddau Dysgu: www.graffeg.com/pages/teachers-resources

ISBN 9781802583243

1 2 3 4 5 6 7 8 9

DYFAIS FFION

Julia Hubery a James Munro

GRAFFEG bach

Mae Ffion yn byw mewn rhan fach
o adeilad mawr.

Mae sawl cartref fel un Ffion yn yr adeilad, ac mae sawl Rhywun yn byw ynddyn nhw. Mae Ffion a'i thad yn gofalu am yr adeilad, ac mae Ffion yn gweld Rhywun yn mynd a dod wrth iddi helpu yn iard Dad.

Mae hi'n meddwl tybed a yw Rhywun angen person i ofalu amdano hefyd.

Mae Ffion yn hapus pan mae'n clywed "Bore da" neu "Helô", ond does neb yn dweud dim y rhan fwyaf o'r amser, sy'n ei gwneud hi'n drist.

"Does dim pwynt teimlo'n drist," meddylia Ffion.

Mae'n meddwl mwy, mae'n siarad â Dad, ac mae'n dechrau creu.

Os gofynna Rhywun beth mae hi'n ei greu, mae'n ateb trwy ddweud "Dyfais".

"Sut mae hi'n gweithio?" gofynna Rhywun un dydd.

"Dwi ddim yn siŵr," ateba Ffion. A dyw hi ddim yn siŵr.

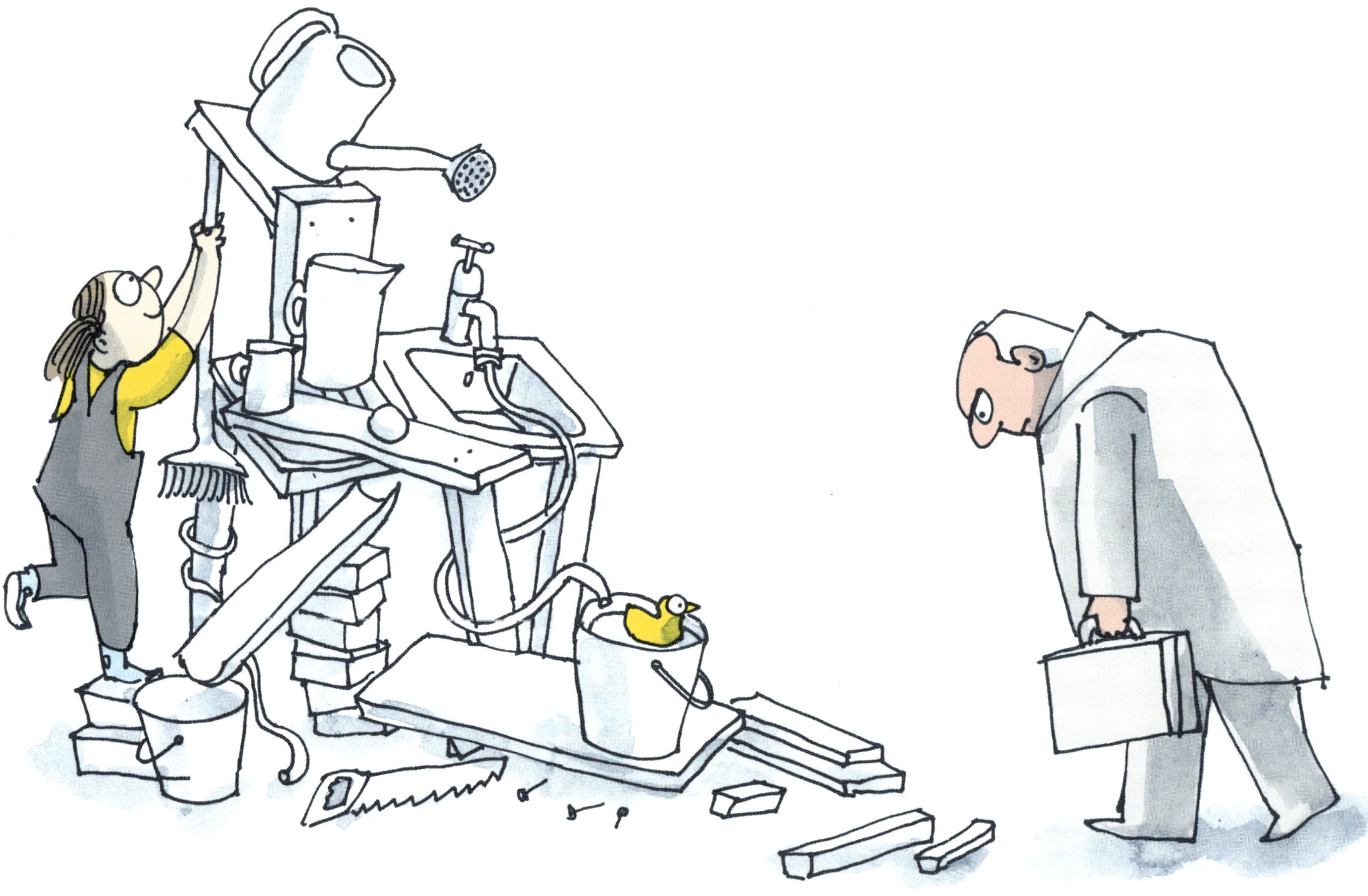

"Beth mae hi'n ei wneud?" gofynna Rhywun arall.

"Dwi ddim yn gwybod eto," ateba Ffion. A dyw hi ddim yn gwybod.

Fesul un,
mae pawb
yn edrych ar
Ddyfais Ffion ...

... wrth i honno
dyfu
a thyfu ...

... a thyfu.

"Os nad wyt ti'n gwybod sut mae hi'n gweithio na beth mae'n ei wneud, sut fyddi di'n gwybod pryd mae wedi'i chwblhau?" gofynna Rhywun.

"Bydda i angen help pawb i wneud hynny," gwena Ffion.

Un dydd, mae Ffion yn rhoi gwahoddiadau i bawb yn yr adeilad mawr: "Dewch i Barti'r Ddyfais!"

Mae pawb yn chwilfrydig.

"Gawn ni weld beth mae'n ei wneud o'r diwedd," meddylia pawb.

Dewch i
Barti'r
Ddyfais.

Pan mae pawb yn barod, mae Ffion yn sefyll gyda Dad o flaen ei Dyfais.

"Ta-da!" mae'n gweiddi'n falch, gan chwyrlïo wrth ei datgelu.

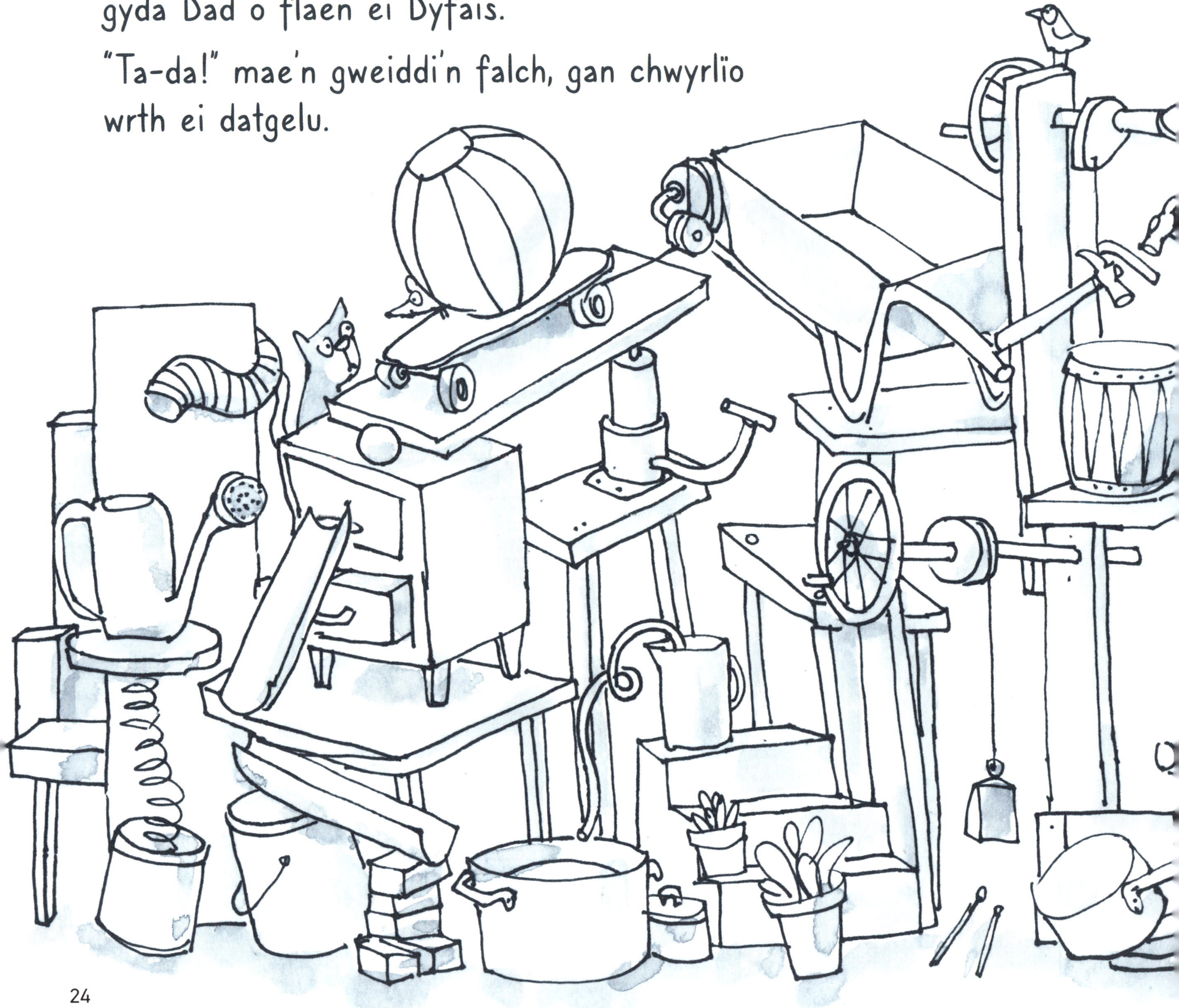

Mae pawb yn aros ac yn syllu.

Maen nhw'n symud eu traed ac yn peswch yn anghyffyrddus, gan edrych ar ei gilydd.

"Dyw hi'n dal ddim yn gwneud dim byd," meddai Rhywun o'r diwedd.

"Am ei bod hi ein hangen ni, dwi'n meddwl," meddai Ffion. "Wnewch chi helpu i'w chychwyn?"

Mae pawb yn dechrau piltran a photsian â dyfais Ffion. Maen nhw'n siarad am sut y gallai weithio, ac yn chwerthin ar ba mor wirion yw'r ddyfais. Mae Ffion yn chwerthin hefyd wrth glywed cymaint o siarad.

"Dwi'n meddwl ei bod hi'n gweithio!" meddai Dad.

"Hwrê!" gwaedda Ffion. "Gawn ni ddyfeisio rhywbeth newydd? Gyda'n gilydd?"

Julia Hubery

Ganwyd Julia Hubery yn Stamford a'i hyfforddi'n bensaer. Manylder ym myd natur, y wyddoniaeth sydd o'n cwmpas bob dydd, a'r mwynhad a ddaw o gael syrpreis yw ei hysbrydoliaeth.

Mae'n byw yn Gosport gyda'i gŵr, a rhyw ddydd mae'n gobeithio ailafael yn un arall o'i diddordebau, sef crochenwaith. Mae wedi cyhoeddi 16 llyfr stori-a-llun sydd wedi'u cyfieithu i sawl iaith, gan gynnwys *When Granny Saved Christmas*, *A Little Fairy Magic* a *That's What Friends are For* – ar gyfer Little Tiger Press.

James Munro

Mae James Munro wedi bod yn tynnu lluniau ers ei fod yn medru gafael mewn pensil. Ers hynny, mae wedi gorchuddio popeth mewn dŵdls – gan gynnwys llyfrau, cylchgronau, bwydlenni a ffilmiau! Mae'n byw yn Lerpwl, mewn pentwr o bapur, naddion pensiliau ac inc. Uchelgais James yw cael sied fel un tad Ffion, rhyw ddydd.

Os cawsoch chi flas ar y llyfr hwn, byddwch wrth eich bodd â'r storïau hyn hefyd!

ISBN 9781914079924

ISBN 9781802581713

ISBN 9781914079313

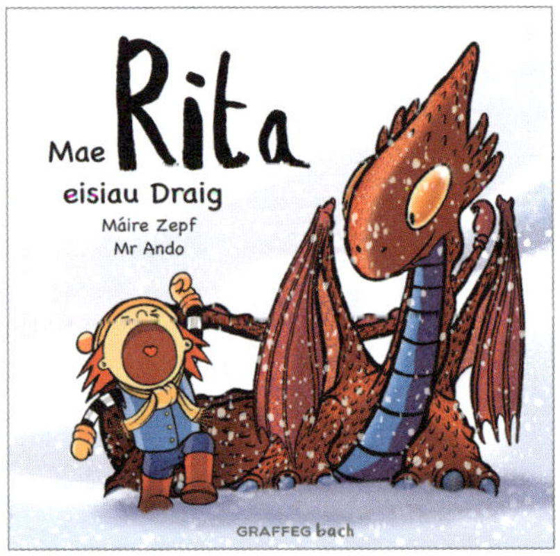

ISBN 9781914079948

ISBN 9781912213993

ISBN 9781802580181

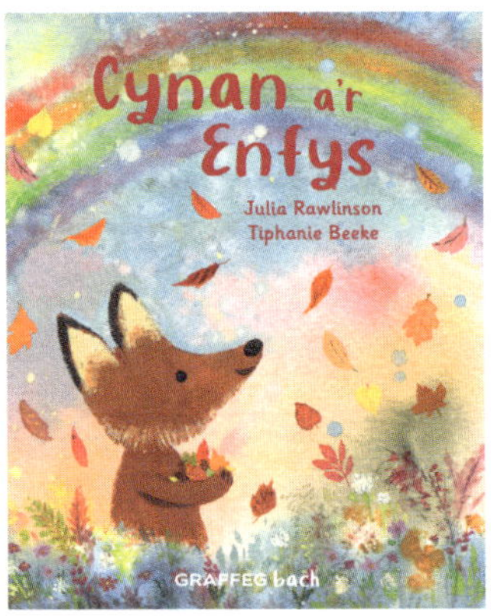

ISBN 9781802581898

ISBN 9781802580549

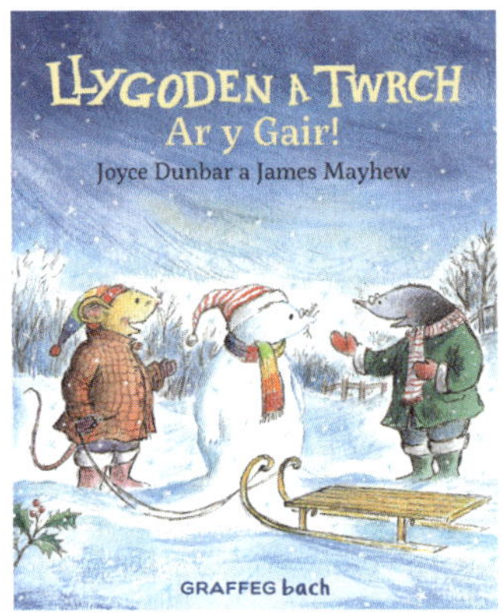

ISBN 9781802582161